CE C(A)HIER

appartient à :

www.ingramcontent.com/pod-product-compliance
Lightning Source LLC
Chambersburg PA
CBHW080611220526
45466CB00010B/3312
* 9 7 8 1 6 7 3 1 7 8 5 1 7 *